हनुमान :

Hanuman Chalisa

हनुमान चालीसा, संत तुलसीदास द्वारा रचित एक अद्वितीय भक्तिमय स्तोत्र है, जो हनुमान जी की शक्ति, भक्ति और सेवा को समर्पित है। इस चालीसा में 40 पद हैं, जो भगवान हनुमान की महानता, उनके अतुलित बल और उनके अमोघ कार्यों का गुणगान करते हैं। हर पद हमें हनुमान जी की अद्वितीय क्षमता और उनकी निस्वार्थ सेवा का स्मरण कराता है।

यह पुस्तक हनुमान चालीसा के हर पद का सजीव वर्णन प्रस्तुत करती है, जो पाठकों को उनकी भक्ति में डूबने का अवसर प्रदान करती है। हर पद का हिंदी और अंग्रेजी में अनुवाद और उसकी विस्तृत व्याख्या इस पुस्तक को हर आयु वर्ग के पाठकों के लिए सुलभ बनाती है।

हनुमान चालीसा के पाठ से न केवल हमारी आंतरिक शक्ति और साहस का विकास होता है, बल्कि यह हमारे जीवन में शांति और समृद्धि भी लाता है। हनुमान जी की कृपा से हम सभी कष्टों से मुक्ति पा सकते हैं और जीवन की सभी चुनौतियों का सामना कर सकते हैं।

इस पुस्तक का उद्देश्य हनुमान जी की महिमा का प्रचार करना और उनके प्रति हमारी आस्था और श्रद्धा को और अधिक प्रगाढ़ बनाना है। आइए, हम सब मिलकर हनुमान चालीसा का पाठ करें और भगवान हनुमान के दिव्य आशीर्वाद से अपने जीवन को धन्य बनाएं।

The Hanuman Chalisa, composed by the saint Tulsidas, is a unique devotional hymn dedicated to Lord Hanuman, embodying his strength, devotion, and service. This Chalisa consists of 40 verses that extol the greatness, incomparable strength, and miraculous deeds of Lord Hanuman. Each verse reminds us of Hanuman's extraordinary abilities and his selfless service.

This book provides a vivid description of each verse of the Hanuman Chalisa, offering readers an opportunity to immerse themselves in devotion. The translation and detailed explanation of each verse in both Hindi and English make this book accessible to readers of all ages.

Reciting the Hanuman Chalisa not only enhances our inner strength and courage but also brings peace and prosperity into our lives. With Hanuman's grace, we can overcome all difficulties and face life's challenges with resilience.

The aim of this book is to propagate the glory of Lord Hanuman and deepen our faith and reverence for him. Let us all recite the Hanuman Chalisa together and bless our lives with the divine blessings of Lord Hanuman.

॥ दोहा ॥

श्री गुरु चरण सरोज रज, निज मन मुकुरु सुधारि।
बरनऊँ रघुवर बिमल जसु, जो दायकु फल चारि॥

Shri Guru Charan Saroj Raj, Nij Man Mukuru Sudhari।
Barnaun Raghuvar Bimal Jasu, Jo Dayaku Phal Chari॥

अर्थ : श्री गुरु के चरण कमलों की धूल से अपने मनरूपी दर्पण को साफ करके, मैं रघुवर (भगवान राम) के निर्मल यश का वर्णन करता हूँ, जो चारों फलों (धर्म, अर्थ, काम, मोक्ष) का दाता है।

Meaning : By cleaning the mirror of my mind with the dust of Guru's lotus feet, I describe the unblemished glory of Lord Rama, who is the bestower of the four fruits of life (Dharma, Artha, Kama, Moksha).

॥ दोहा ॥

बुद्धिहीन तनु जानिके, सुमिरौं पवन-कुमार।
बल बुद्धि विद्या देहु मोहिं, हरहु कलेस विकार॥

Buddhiheen Tanu Janike, Sumirau Pavan Kumar।
Bal Buddhi Vidya Dehu Mohi, Harahu Kalesh Vikar॥

अर्थ : बुद्धिहीन शरीर जानकर, मैं पवन-पुत्र (हनुमानजी) का स्मरण करता हूँ। आप मुझे बल, बुद्धि और विद्या दीजिए और मेरे दुखों और दोषों को दूर कीजिए।

Meaning : Recognizing myself as devoid of wisdom, I remember the son of the Wind God (Hanuman). Please bestow upon me strength, wisdom, and knowledge, and remove my sorrows and shortcomings.

जय हनुमान ज्ञान गुन सागर।
जय कपीस तिहुँ लोक उजागर॥

Jai Hanuman Gyan Gun Sagar।
Jai Kapis Tihun Lok Ujagar॥

अर्थ : हनुमान जी, आप ज्ञान और गुणों के सागर हैं। आपकी जय हो! हे वानरों के स्वामी, तीनों लोकों में आपकी कीर्ति फैली हुई है।

Meaning : Hail Hanuman, the ocean of knowledge and virtues. Hail the Lord of Monkeys, whose glory is spread across the three worlds.

राम दूत अतुलित बल धामा।
अंजनि-पुत्र पवनसुत नामा॥

Ramdoot Atulit Bal Dhama।
Anjani-Putra Pavan-Sut Nama॥

अर्थ : आप राम के दूत और अतुलनीय बल के धाम हैं। आप अंजनी के पुत्र और
पवनदेव के नाम से प्रसिद्ध हैं।

Meaning : You are the messenger of Lord Rama, the abode of
incomparable strength. You are known as the son of Anjani and
the wind god.

महाबीर बिक्रम बजरंगी।
कुमति निवार सुमति के संगी॥

Mahaveer Vikram Bajrangi।
Kumati Nivar Sumati Ke Sangi॥

अर्थ : आप महान वीर, शक्तिशाली और बज्र के समान बलवान हैं। आप बुरी बुद्धि को दूर करने वाले और अच्छी बुद्धि के साथी हैं।

Meaning : You are the great hero, strong and valiant as lightning. You are the remover of evil thoughts and the companion of good sense.

कंचन बरन बिराज सुबेसा।
कानन कुंडल कुंचित केसा॥

Kanchan Baran Biraj Subesa।
Kanan Kundal Kunchit Kesa॥

अर्थ : आप स्वर्ण के समान वर्ण वाले हैं और सुंदर वस्त्र धारण किए हुए हैं। आपके कानों में कुंडल और घुंघराले केश हैं।

Meaning : You have a golden complexion and are adorned in beautiful attire. You wear earrings in your ears and have curly hair.

हाथ वज्र और ध्वजा बिराजै।
काँधे मूँज जनेऊ साजै॥

Hath Vajra Aur Dhvaja Birajai ।
Kandhe Moonj Janeu Sajai ॥

अर्थ : आपके हाथ में वज्र और ध्वजा सुशोभित हैं। आपके कंधे पर मूँज का जनेऊ
शोभायमान है।

Meaning : You hold a thunderbolt and a flag in your hands. A
sacred thread made of grass adorns your shoulder.

शंकर सुवन केसरी नंदन।
तेज प्रताप महा जग बंदन॥

Shankar Suvan Kesari Nandan।
Tej Pratap Maha Jag Vandan॥

अर्थ : आप शिव के अवतार और केसरी के पुत्र हैं। आपका तेज और प्रताप महान है, जिसे समस्त जगत पूजता है।

Meaning : You are the incarnation of Lord Shiva and the son of Kesari. Your splendor and glory are great and revered by the entire world.

विद्यावान गुनी अति चातुर।
राम काज करिबे को आतुर॥

Vidya-Vaan Guni Ati Chatur।
Ram Kaj Karibe Ko Atur॥

अर्थ : आप विद्यावान, गुणी और अत्यंत चतुर हैं। आप राम के कार्य करने के लिए
आतुर रहते हैं।

Meaning : You are knowledgeable, virtuous, and very clever. You
are always eager to perform tasks for Lord Rama.

प्रभु चरित्र सुनिबे को रसिया।
राम लखन सीता मन बसिया॥

Prabhu Charitra Sunibe Ko Rasiya।
Ram Lakhan Sita Man Basiya॥

अर्थ : आप भगवान राम के चरित्र सुनने में रस लेते हैं। राम, लक्ष्मण और सीता आपके मन में बसते हैं।

Meaning : You take delight in listening to the stories of Lord Rama. Rama, Lakshmana, and Sita dwell in your heart.

सूक्ष्म रूप धरि सियहिं दिखावा।
बिकट रूप धरि लंक जरावा॥

Sookshma Roop Dhari Siyahi Dikhava।
Bikata Roop Dhari Lanka Jarava॥

अर्थ : आप सूक्ष्म रूप धारण करके सीता को दिखे। विकट रूप धारण करके आपने लंका को जलाया।

Meaning : You assumed a small form to appear before Sita. You took on a formidable form to set Lanka ablaze.

भीम रूप धरि असुर सँहारे।
रामचन्द्र के काज सँवारे॥

Bheema Roop Dhari Asura Samhare।
Ramachandra Ke Kaaj Saware॥

अर्थ : आप भीम रूप धारण करके असुरों का संहार करते हैं। आप रामचन्द्र के कार्यों को सफल बनाते हैं।

Meaning : You assumed a terrifying form to destroy the demons. You fulfilled the tasks of Lord Ramachandra.

लाय सजीवन लखन जियाये।
श्रीरघुबीर हरषि उर लाये॥

Laaye Sanjivan Lakhan Jiyaye।
Shri Raghubeer Harashi Ur Laye॥

अर्थ : आप संजीवनी लाकर लक्ष्मण को जीवित करते हैं। श्रीराम ने हर्षित होकर आपको हृदय से लगाया।

Meaning : You brought the Sanjeevani herb to revive Lakshmana. Lord Rama joyfully embraced you.

रघुपति कीन्ही बहुत बड़ाई।
तुम मम प्रिय भरतहि सम भाई॥

Raghupati Keenhi Bahut Badai।
Tum Mam Priya Bharatahi Sam Bhai॥

अर्थ : रघुपति (राम) ने आपकी बहुत प्रशंसा की। उन्होंने कहा कि आप मुझे भरत के
समान प्रिय भाई हैं।

Meaning : Lord Rama praised you greatly. He said that you
are as dear to him as his brother Bharata.

सहस बदन तुम्हरो जस गावैं।
अस कहि श्रीपति कंठ लगावैं॥

Sahas Badan Tumharo Jas Gaavai।
Asa Kahi Shripati Kanth Lagavai॥

अर्थ : हजारों मुख आपका यश गाते हैं। ऐसा कहकर श्रीपति (विष्णु) ने आपको गले
से लगाया।

Meaning : Thousands of mouths sing your glory. Saying
this, Lord Vishnu embraced you.

सनकादिक ब्रह्मादि मुनीसा।
नारद सारद सहित अहीसा॥

Sanakadik Brahmadik Munisa।
Narad Sarad Sahit Ahisa॥

अर्थ : सनकादिक, ब्रह्मा, मुनियों के स्वामी, नारद, सरस्वती सहित शेषनाग आपकी महिमा गाते हैं।

Meaning : Sanaka and other sages, Brahma, the great sages, Narada, Saraswati, and Sheshanaga sing your praises.

जम कुबेर दिगपाल जहाँ ते।
कबि कोबिद कहि सके कहाँ ते॥

Yam Kuber Digpal Jahan Te।
Kavi Kovid Kahi Sake Kahan Te॥

अर्थ : यमराज, कुबेर और दिग्पाल (लोकपाल) भी आपकी महिमा का वर्णन नहीं कर सकते हैं। कवि और विद्वान भी आपकी महिमा नहीं कह सकते।

Meaning : Yama, Kubera, and the guardians of the directions cannot fully describe your glory. Even poets and scholars cannot do justice to your greatness.

तुम उपकार सुग्रीवहिं कीन्हा।
राम मिलाय राजपद दीन्हा॥

Tum Upkar Sugrivahin Keenha।
Ram Milay Rajpad Deenha॥

अर्थ : आपने सुग्रीव पर उपकार किया। राम से मिलाकर उन्हें राजपद दिलाया।

Meaning : You helped Sugriva. By making him meet Rama, you restored his kingdom.

तुम्हरो मंत्र विभीषन माना।
लंकेश्वर भए सब जग जाना॥

Tumharo Mantra Vibheeshan Mana।
Lankeshwar Bhaye Sab Jag Jana॥

अर्थ : आपके मंत्र को विभीषण ने माना। वे लंका के राजा बने, यह सब जग जानता है।

Meaning : Vibhishana heeded your advice. He became the king of Lanka, known to the entire world.

जुग सहस्र जोजन पर भानू।
लील्यो ताहि मधुर फल जानू॥

Yug Sahasra Yojan Par Bhanu।
Leeliyo Taahi Madhur Phal Janu॥

अर्थ : जो सूर्य युग सहस्र योजन (दूरी) पर है, उसे आपने मधुर फल समझकर निगल लिया।

Meaning : The sun, which is thousands of yojanas away, was swallowed by you thinking it to be a sweet fruit.

प्रभु मुद्रिका मेलि मुख माहीं।
जलधि लाँघि गये अचरज नाहीं॥

Prabhu Mudrika Meli Mukha Mahi।
Jaladhi Langhi Gaye Acharaj Nahi॥

अर्थ : आपने प्रभु श्रीराम की मुद्रिका अपने मुख में रख ली और सागर लांघ गए, इसमें कोई आश्चर्य नहीं।

Meaning : You placed Lord Rama's ring in your mouth and crossed the ocean; it is no wonder.

दुर्गम काज जगत के जेते।
सुगम अनुग्रह तुम्हरे तेते॥

Durgam Kaaj Jagat Ke Jete।
Sugam Anugrah Tumhare Tete॥

अर्थ : जगत के जितने भी कठिन कार्य हैं, वे आपके अनुग्रह से सरल हो जाते हैं।

Meaning : All difficult tasks in the world become easy by your grace.

राम दुआरे तुम रखवारे।
होत न आज्ञा बिनु पैसारे॥

Ram Duaare Tum Rakhvaare।
Hot Na Aagya Binu Paisare॥

अर्थ : आप राम के द्वार के रखवाले हैं। आपकी आज्ञा बिना कोई भी अंदर नहीं जा सकता।

Meaning : You are the guardian of Rama's door. Without your permission, no one can enter.

सब सुख लहै तुम्हारी सरना।
तुम रक्षक काहू को डरना॥

Sab Sukh Lahai Tumhari Sarna।
Tum Rakshak Kahu Ko Darna॥

अर्थ : आपकी शरण में आने से सब सुख पाते हैं। आप रक्षक हैं, इसलिए किसी को डरने की जरूरत नहीं।

Meaning : Everyone finds happiness by taking refuge in you. You are the protector, so no one needs to fear.

आपन तेज सम्हारो आपै।
तीनों लोक हाँक ते काँपै॥

Aapan Tej Samharo Aapai।
Teenon Lok Haank Te Kaapai॥

अर्थ : आप अपने तेज को स्वयं ही संभाले रहते हैं। आपकी हाँक से तीनों लोक काँप
जाते हैं।

Meaning : You alone can control your might. The three
worlds tremble at your roar.

भूत पिशाच निकट नहीं आवै।
महावीर जब नाम सुनावै॥

Bhoot Pishach Nikat Nahi Aavai।
Mahaveer Jab Naam Sunavai॥

अर्थ : भूत और पिशाच आपके नाम का स्मरण करते ही पास नहीं आते।

Meaning : Ghosts and evil spirits do not come near when
they hear your name, O Mahaveer.

नासै रोग हरै सब पीरा।
जपत निरंतर हनुमत बीरा॥

Naasai Rog Harai Sab Peera।
Japat Nirantar Hanumat Veera॥

अर्थ : हनुमानजी के निरंतर जाप से रोग नष्ट होते हैं और सब पीड़ा दूर हो जाती है।

Meaning : By constant repetition of Hanuman's name, diseases are eradicated and all pain is relieved.

संकट तें हनुमान छुड़ावै।
मन क्रम वचन ध्यान जो लावै॥

Sankat Te Hanuman Chhudavai।
Man Kram Vachan Dhyan Jo Laavai॥

अर्थ : जो भी मन, कर्म और वचन से हनुमानजी का ध्यान करता है, हनुमानजी उसे संकटों से छुड़ाते हैं।

Meaning : Hanuman rescues those who focus on him with their mind, deeds, and words from all difficulties.

सब पर राम तपस्वी राजा।
तिन के काज सकल तुम साजा॥

Sab Par Ram Tapasvee Raja।
Tin Ke Kaaj Sakal Tum Saja॥

अर्थ : तपस्वी राजा राम सब पर श्रेष्ठ हैं। उनके सभी कार्यों को आपने पूरा किया है।

Meaning : Lord Rama, the ascetic king, is supreme over all.
You have completed all his tasks.

और मनोरथ जो कोई लावै।
सोई अमित जीवन फल पावै॥

Aur Manorath Jo Koi Laavai।
Soi Amit Jeevan Phal Paavai॥

अर्थ : जो भी अन्य मनोरथ आपके पास लाता है, वह अनंत जीवन फल प्राप्त करता
है।

Meaning : Whoever brings their wishes to you attains
infinite life rewards.

चारों युग परताप तुम्हारा।
है परसिद्ध जगत उजियारा॥

Charon Yug Parataap Tumhara।
Hai Prasiddha Jagat Ujiara॥

अर्थ : चारों युगों में आपका पराक्रम प्रसिद्ध है। आपकी महिमा जगत में उजागर है।

Meaning : Your valor is renowned in all four ages. Your glory is spread across the world.

साधु संत के तुम रखवारे।
असुर निकंदन राम दुलारे॥

Sadhu Sant Ke Tum Rakhvaare।
Asur Nikandan Ram Dulaare॥

अर्थ : आप साधु संतों के रक्षक हैं। आप असुरों का नाश करने वाले और राम के प्यारे हैं।

Meaning : You are the protector of saints and sages. You are the destroyer of demons and dear to Lord Rama.

अष्ट सिद्धि नौ निधि के दाता।
अस बर दीन्ह जानकी माता॥

Ashta Siddhi Nau Nidhi Ke Daata।
Asa Bar Deenha Janaki Mata॥

अर्थ : आप आठ सिद्धियों और नौ निधियों के दाता हैं। यह वर माता जानकी ने आपको दिया है।

Meaning : You are the bestower of the eight supernatural powers and nine treasures. This boon was given to you by Mother Janaki (Sita).

राम रसायन तुम्हरे पासा।
सदा रहो रघुपति के दासा॥

Ram Rasayan Tumhare Paasa।
Sadaa Raho Raghupati Ke Daasa॥

अर्थ : राम रसायन आपके पास है। आप सदैव रघुपति (राम) के दास बने रहें।

Meaning : You possess the essence of devotion to Rama.
You always remain a servant of Raghupati (Rama).

तुम्हरे भजन राम को पावै।
जनम जनम के दुख बिसरावै॥

Tumhare Bhajan Ram Ko Paavai।
Janam Janam Ke Dukh Bisraavai॥

अर्थ : आपके भजन करने से राम प्राप्त होते हैं। जन्म जन्मांतर के दुख दूर हो जाते हैं।

Meaning : By singing your praises, one attains Rama and forgets the sorrows of many lifetimes.

अन्तकाल रघुबर पुर जाई।
जहाँ जन्म हरि-भक्त कहाई॥

Antakaal Raghubar Pur Jaayi ।
Jahaan Janam Hari-Bhakt Kahai ॥

अर्थ : अंतकाल में रघुबर (राम) के धाम जाते हैं। जहाँ जन्म लेने पर हरिभक्त कहे
जाते हैं।

Meaning : At the time of death, goes to the abode of
Raghubar (Rama). In every birth, known as a devotee of Hari
(Vishnu).

और देवता चित्त न धरई।
हनुमत सेई सर्व सुख करई॥

Aur Devata Chitt Na Dharai।
Hanumat Seee Sarv Sukh Karai॥

अर्थ : अन्य देवताओं में चित्त नहीं लगता। हनुमानजी की सेवा करने से सभी सुख प्राप्त होते हैं।

Meaning : One's mind does not focus on other deities. By serving Hanuman, all happiness is attained.

संकट कटै मिटै सब पीरा।
जो सुमिरै हनुमत बलबीरा॥

Sankat Katai Mitai Sab Peera।
Jo Sumirai Hanumat Balbeera॥

अर्थ : हनुमानजी को स्मरण करने से संकट कटते हैं और सभी पीड़ा मिटती है।

Meaning : By remembering Hanuman, all difficulties are overcome and all pain is removed.

जय जय जय हनुमान गोसाईं।
कृपा करहु गुरुदेव की नाईं॥

Jai Jai Jai Hanuman Gosain।
Kripa Karahu Gurudev Ki Naai॥

अर्थ : जय हो, जय हो, जय हो हनुमान गोसाईं! आप गुरुदेव के समान कृपा करें।

Meaning : Hail, Hail, Hail to you, O Hanuman Gosain!
Bestow your grace like a revered Guru.

जो शत बार पाठ कर कोई।
छूटहि बंदि महा सुख होई॥

Jo Shat Baar Path Kar Koi।
Chhootahi Bandhi Mahaa Sukh Hoi॥

अर्थ : जो सौ बार पाठ करता है, वह बंधन से मुक्त हो जाता है और महान सुख प्राप्त करता है।

Meaning : Whoever recites this a hundred times is freed from bondage and attains great happiness.

जो यह पढ़ै हनुमान चालीसा।
होय सिद्धि साखी गौरीसा॥

Jo Yah Padhe Hanuman Chalisa।
Hoy Siddhi Saakhi Gaurisa॥

अर्थ : जो इस हनुमान चालीसा का पाठ करता है, उसे सिद्धि प्राप्त होती है, गौरीपति (शिव) साक्षी हैं।

Meaning : Whoever reads this Hanuman Chalisa, attains perfection. Lord Shiva is the witness.

तुलसीदास सदा हरि चेरा।
कीजै नाथ हृदय महँ डेरा॥

Tulsidas Sadaa Hari Chera।
Keejai Naath Hridaya Mahn Dera॥

अर्थ : तुलसीदास सदा हरि के दास हैं। हे नाथ, मेरे हृदय में निवास करें।

Meaning : Tulsidas is always a servant of Lord Hari. O Lord,
reside in my heart.

॥ दोहा ॥

पवन तनय संकट हरन, मंगल मूरति रूप।
राम लखन सीता सहित, हृदय बसहु सुर भूप॥

Pavan Tanay Sankat Haran, Mangal Murati Roop।
Ram Lakhan Sita Sahit, Hridaya Basahu Sur Bhoop॥

अर्थ : हे पवनपुत्र संकट हरने वाले, मंगल मूर्ति रूप! राम, लक्ष्मण और सीता सहित, हे देवताओं के स्वामी, मेरे हृदय में निवास करें।

Meaning : O son of the wind, remover of difficulties, in your auspicious form! Along with Rama, Lakshmana, and Sita, O Lord of the gods, reside in my heart.

हनुमान जी की महिमा अपार है, जो सच्चे मन से उनकी भक्ति करता है, उसे हर संकट से मुक्ति मिलती है। आपके जीवन में सुख, शांति और समृद्धि के लिए हनुमान चालीसा का पाठ करें।

The glory of Hanuman Ji is boundless; whoever worships him with a sincere heart is freed from all troubles. Recite the Hanuman Chalisa for happiness, peace, and prosperity in your life.

Made in the USA
Las Vegas, NV
29 July 2024

93098935R00030